精神科医Tomyが教える

40代を後悔せず生きる言葉

精神科医
Tomy

ダイヤモンド社

はじめに

アテクシ、精神科医のＴｏｍｙと申します。「はじめまして」の方に向けて、簡単に自己紹介しますね。精神科医として日々診療をするかたわら、「楽に生きる言葉」についてＳＮＳで発信しております。Ｔｗｉｔｔｅｒでは約39万フォロワー（２０２３年５月現在）で、この本では数多くのツイートから、「40代を後悔せず生きる」をコンセプトに、２２１の言葉を厳選しました。

アテクシも現在40代ですが、人生における40代は、たとえるなら〝観覧車の最高地点をすぎる年代〟のようなもの。おおよそ40代までは、観覧車が最高地点に達するように、徐々に上昇しますが、最高地点をすぎてしまうと、だんだん低い地点に向かって進むようになります。

人生の半ばをすぎようとしている40代とは、ちょうどそんな頃なのでしょう。だからこそ、明日の自分より今日の自分を大切にしてほしいのです。

だからといって、後ろ向きの暗い気持ちで、残りの人生をカウントダウンしていくのではありません。むしろ、これから先の50代、60代、70代、80代に向かって、日々明るく充実して生きていけます。どんな年代であっても、人生は謳歌できるんです。

ただし、そのためには、ちょっとしたコツがあります。ちょっとした考え方、ちょっとした行動の変化によって、人生はまるで違ったものになるのです。そのちょっとしたコツとは、一体なんなのか？　そのコツこそ、この本に書いてあるのです。それでは、1ページずつめくって、人生を充実させるコツをぜひ身につけてくださいね！

Contents

Contents

Chapter 2

心配事は発生してから悩めばいいのよ

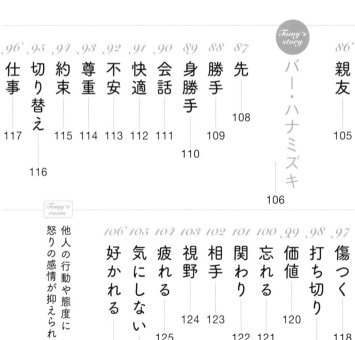

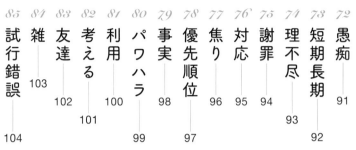

Contents

Chapter 3 嫌な人の言動はミュートするといいわよ

Contents

Chapter 4

迷いはあって当たり前よ

Chapter 1

なんとか生きてる
それでいいのよ

1
後悔

毎回「これが最後かもしれない」と思って事に臨んだほうがいいわ。

それが後悔しないコツ。

人と関わりすぎない。

人間関係の悩みの多くは、
余計な人と関わって生まれるものだから。

2

関係

3

顔色

プライベートではね、顔色をうかがった瞬間から間違えているのよ。

顔色をうかがわなければ成り立たない関係は、
必要のない関係だから。

相手と距離をとろうか悩むアナタへ。

悩む時点で距離をとるべき相手です。

4 距離

5

悪口

悪口を言ってるとき、
聞き役は一見寄り添って
くれるように見える。

でも、たいてい本当は引いてるのよ。

Tomy's advice

6 過去

過去のことは、乗り越えなくてもいいし、抱え込まなくてもいい。

そこらへんに置いとけば大丈夫。
今より大事な過去はない。

7

運

運が悪いときってね、不注意が多くなってるのよ。

だから大事なものをなくしたり、
事故にあったり、けがをしたりする。
つまり、疲れてるのよ。 ちょっと休みなさい。
休めば「運」が良くなるかもよ。

8

操作

異なる意見を言うと、
怒り出す人って
いるじゃない？

それは相手がアナタを
コントロールしたいからなのよ。
離れていいわ。

9 自信

人を悪く言う人って、
だいたい自信がないのよ。

だから周りを下げようとするの。

10 おおらか

他人に厳しい人は、当然ストレスも多くなるわ。

おおらかでいることは、
自分のためでもある。

11

礼儀

人を見る目に
自信がないときは、
相手が礼儀正しいか
どうかを見るといいわ。

礼儀正しくあり続けるのは、
演技では難しい。

Tomy's advice

12 普通

普通に生きるっていうのが、一番難しかったりするのよ。

だから、「普通」は幸せなんです。

13

弱点

負けず嫌いもいいけれど、
一番強いのは
「勝たなくてもいい」と
思うこと。

負けず嫌いの弱点は、
勝ち負けにこだわりすぎて、
不安定になることよ。

やらかしちゃったな
と思うことは
誰でもあるわよ。

そして、やらかさないと
学べないこともある。
つまり、「気にしなさんな」ってことよ。

14

やらかす

15

生きる

なんとか生きてる。

それでいいのよ。
つらいときは、気を配りすぎなの。

自分に自信がなくて物事を決められない

Q 自信がなく、自己肯定感も低いからか、周りの人の意見に左右されることが多くて、物事を自分で決めることがとても苦手です。自分を信じられず、ネガティブなことばかり頭をよぎります。どうしたらこんな性格を直せるでしょうか？

A まず小さなことからでいいので、物事を決める練習をしましょ。今日のランチは何を食べるか、今週末はどこに出かけるか。そんなささいなことでいいの。そんなに慎重になる必要のない、大した問題になりようがないこと。自分で決めることに慣れてきたら、ちょっとずつ、より大きなことを決めてみて。アナタのようなタイプは、本当に大きな問題以外は、誰の意見も聞かずに決めるくらいに思っていいわよ。

16

恐れ

対人関係の苦手な人って、
関係の浅い人にも
嫌われたくないと思いがち。

だから疲れるの。
関係の深い人に
エネルギーを使ったほうがいい。

口もきいてくれない？

そんな人と口なんかきかなくていいのよ。
静かでいいじゃない。

17

口

18

タイミング

「あのとき始めていたら」とか言うけど、あのときは始めたいと思ってなかったでしょ。

そんなときに無理にやっても、うまくいかないわ。
だから、もったいなくなんか、ない。

期待して
がっかりしたときの
魔法のコトバ。

「こんなもん、こんなもん。
もともと、こんなもん」
そう思えばちょっと楽よ。

19

コトバ

20

押しつけ

周りにいないかしら？

自分の考えを押しつけ、
巻き込もうとする人。
その人は友人じゃないわ。

21

比べる

人が伸びるときって、
他人と比べなく
なったときよ。

焦りに費やしてたエネルギーを
自分だけに向けられるから。
どうせ比べるのなら、
過去の自分がいいわ。

22

優しさ

相手がどんな人か
わかるまで、
あまり優しく
しなくていいわ。

普通でいい。
優しさは、人となりがわかってから。

23

苦労

何度でも言うわ。

アナタがした苦労は、
本当に無駄にはならないのよ。
ただ、自分の想像した形で報われるとは
限らないだけでね。

24

決める

人って、「自分のことは
自分で決めていいんだ」
って気づくのに意外と
時間がかかるのよね。

で、もっと早く知っていればなって思う。
だから、今言います。
自分のことは自分で決めていいんです。

本当に大切なものは「当たり前」の中に眠っているわ。

平和な日々。いつもいてくれる人。
美味しい空気。あちこちに。

25
大切

26

幸せ

幸せな人ってね。

幸せな瞬間を
見落とさない人なの。

どうせ同じ時間を
費やすのなら。

自分を不愉快にする人のことより、
自分の味方でいてくれる人のことを
考えたほうがいいんじゃない？

27

味方

28

恵み

勝手に人に恵まれたりはしないのよ。

相手を大切にするからこそ、
人に恵まれる。

29 うかがう

顔色をうかがうのと相手を思いやるのとは違うのよ。

顔色をうかがうのは、
自分が嫌われてないかどうかの確認。
相手を思いやるのは、
相手が快適かどうかの確認。
不要なのは、顔色をうかがうこと。

30

世界

「自分がどう見えるか」なんて、他人に任せておきなさい。

自分が考えても仕方のないこと。
自分に見えるのは、周りの世界だけよ。
さあ、自分のやりたいことをやりましょ。

本当に大変なときって、
がんばっても
認めてくれる人が
いないのよ。

だから、最初は自分自身が認めるの。
いつか報われるときがくる。
そのときには、
認めてくれる人も出てくる。

31

報われる

「この親不孝者!!」

母は、僕が聞いたこともないような言葉を吐き、僕が見たこともない態度で床に崩れ落ちて号泣した。僕は家を出た。外はひたすらに暑く、まともに目を開けていられないほどまぶしかった。ことの発端は、一昨日もらった一本の電話だった。

「おめでとうございます。合格です」

そのとき、人はあまりにも嬉しいことがあると、飛び上がることも、声をあげることもできないのだとわかった。

僕は3年前、実家の酒屋を継いだ。しかし、僕はもともと舞台俳優になるのが夢だった。でも、実家に戻ってから、演劇とは一切関係をもたなかった。ところが、知ってしまったのだ。「劇団シーズンズ」のオーディションがあることを。

僕はダメ元で応募した。なんたることか、1次審査、2次審査、最終審査と、あれよあれよという間に進んでしまった。そして、僕は店を閉めたいと母に告げた。

その結果がさっきのザマだ。あてもなく外を歩くのに疲れ、僕は立ち止まってふとTwitterをのぞいた。すると、ある言葉が目に入った。

僕はしばらく画面から目を離せなかった。

そのとき母から電話がかかってきた。

「さっきは、ひどいことを言ったわ。アナタの気持ちをちゃんと聞きたい」

蟬しぐれが一段と大きくなった。

「うん、今からすぐ戻るよ」

何かを始めようとすれば、痛みもともなうものよ。

でも、いずれ治まる痛み。
やめる理由にはしなくていい。

32

誠実

なぜ誠実さが
大事かっていうとね。

誠実に生きる人には、
どこかに必ず味方がいるからよ。

人は失うと
必ず何かを学ぶのよ。

一方的に失ったりはしない。
だから大丈夫。

33

失う

34

空

最近、空を眺めたこと
あるかしら？

余裕がなくなると、
空を眺めることすら
してなかったりするものよ。
忘れていたら、
自然を見つめる時間をつくるといい。
ちょっと余裕が出るから。

相手が怒ったら、すぐ自分が悪いと思わなくていいのよ。

相手が短気だからかもしれないし、単純に機嫌が悪いからかもしれない。自分が悪いからというのは、一つの可能性にすぎないわ。一呼吸置いてから対応を考えたほうがいい。

35 悪い

36

選ぶ

忘れること、忘れないこと、
どっちも大事なの。

心に残すものを自分で選ぶということよ。

37 こだわり

なんか、
最近幸せだなと思ったら、
「こうならなきゃダメ」
っていうこだわりが
減ったせいだと
気がついたわ。

こだわりは少ないほうが幸せ。

38

自己中

自己中心的な人ってね、
望みを叶えれば叶えるほど、
不満が逆に増えていくの。

当たり前だと思うようになるからね。
何もしてあげないほうが、いいわ。

誰とでも
仲良くなるべきじゃないわ。

情で組み伏せてくるタイプがいるし、
必要以上に仲良くしないことも大事よ。

39

仲良し

40

特別

人は察しない。

察してくれる人が
特別なんです。

過去のこと恥ずかしいって？

大丈夫よ。
本当に恥ずかしいのは、
恥ずかしいとすら思わない人だから。

41

恥

42

流す

気にしなければ、幸せ。

幸せになりたいから、
絶対気にしてあげない。
こう思えば流す勇気も少しは出るわ。

嫌いな人もいる。
でも、嫌いじゃない人もいる。
それでいいじゃない。

43
嫌い

44

方向性

絶対的な善人なんていないのよ。

いるのは自分の方向性と一致する人とそうじゃない人。

ぶっちゃけ、将来や未来なんて蜃気楼みたいなものよ。

行っても行ってもたどり着けなくて、
遠くのほうに見えるだけ。
だからそんなに気にしなくていい。
今を重ねる。今を味わう。
それが結果として良い人生になる。

45

蜃《しん》気《き》楼《ろう》

46

気まぐれ

アナタが思ってるより、
周りの目って気まぐれよ。

正しいと思うことは気にせず貫きなさい。

人ってね、目の前にいる人のことを信じたがるのよ。

だから怒られたら自分が悪いと思うし、
否定されたら自信を失ってしまう。
だから一回その人から離れて、
冷静に考えてみて。

47

冷静

幸せそうな同僚や知人
ねたむ心が捨てきれない

Q 成績のいい職場の同僚や幸せそうな知人に対して、ねたむ心が捨てきれません。特定の誰かというより、そのときによってねたむ人は変わりますが、自分と比べて調子が良さそうな人を見ていると、ネガティブな感情が湧いてきてしまうんです……。

A 他人をねたんだり嫉妬したりするときって、自分のなかに問題があるの。楽しくて充実しているのなら、他人には目が向かないから。他人が気になるときこそ、自分自身に意識を向けることが大事なのよ。まず休む。そして、自分の生活パターンを変える。自分のやりたかったことにトライする。他人に嫉妬するってことは、疲れてるってことよ。だから、疲れをとって、自分にご褒美を与えるといいの。

Chapter 2

心配事は発生してから悩めばいいのよ

48

たまに

うまくいかないときは、
こう自分に言い聞かせてみて。

「たまにうまくいくからいいのよね」

陰口をたたかれて恥ずかしい？

違います。
陰口をたたくほうが恥ずかしいのよ。

49

恥じ

50

不要

「優しくしないと
続かない関係だな」
と思ったら、
たいてい不要な関係よ。

アナタの優しさで
無理につなぎとめてるだけ。

51
文句

文句言う人は、何やったって文句言うのよ。

だって、文句言いたいんだもの。
そういう人を説得する必要はないし、
配慮する必要もないわ。
聞き流すか、逃げる。

52

嫌われる

「嫌われるかも」と考えても、いいことなんて一つもないわ。

「もし嫌われないと、わかっていたらどうするか」で動く。結局、それが正解だったりする。

心配事は発生してから
悩めばいいのよ。

ほとんど取り越し苦労だし。

53

心配

54

充実

幸せかどうかって、
忙しいかどうかじゃないの。

自分の好きなことができているかどうか。

55 いいこと

人生の目標がない？

あるじゃない。
今よりいいことを少しでも増やして、
悪いことを少しでも減らす。
いつだってそれが目標よ。

56

時間

時おり、孤独な時間も必要よ。

誰からも距離をとって、
自分を見つめられるから。
誰の影響も受けない時間。

雑談なんか
できなくてもいいわ。

相手が話す人なら、
うんうんって聞けばいい。
相手も話さない人なら、
ただ静かに過ごせばいい。
無理に話さなくていいわよ。

57
話

58

休む

人生が楽しいと思えないのは、疲れているからかもしれないわ。

また別のタイミングで人生について考えたら?
今は休みましょうか。

批判されたら、
ついつい自分が悪いと
思っちゃうでしょ。

でも、そうとは限らないわよ。
相手にとって、
アナタの言動が都合が悪いだけ。

59
都合

60

説得

人を無理に説得する必要なんかないわよ。

説得して変わるものなら、とっくに変わってます。

幸せって、2つあるわ。

1つは、自分の幸せを実感すること。
もう1つは、他人の幸せを願うこと。

61
幸せ

62

ノイズ

人はノイズに
とらわれやすいのよ。

特に目先のこと、
ネガティブなことに目が行きやすい。
全体を眺めてごらんなさい。
たいてい大した問題ではないから。

63 見える

うまくいってることも多いんだけどね。

うまくいかないことのほうが気になるから、
何もかもうまくいかないように見えるのよね。

64

起きる

信じられないほど
ひどいことなんて
いくらでも起きるけど、
素晴らしいことも
いくらでも起きるわ。

だからいいのよ。

65
チャンス

うまくいかなく
なっても、
何かが間違っている
とは限らない。

「何かを変えてみたら？」
ってチャンスの女神様が
提案してるのかもよ。

66

下心

下心で近づいても報われないわよ。

本当に相手のことを尊敬していないと、
人間関係のビッグバンは生まれない。

部署のリーダーだけれど メンバーの信頼が薄い

Q 職場の管理職なのですが、メンバーの心がつかめていません。仕事の相談でも、上司である自分に話をしてくることはあまりないですし、雑談をしていてもしっくりきません。どうすれば、もっと心の距離を近づけられるでしょうか？

A 「気さくで誰からも信頼される上司」なんていうのはそもそも幻想だと思ったほうがいいわね。アナタは部下を指示したり、監督したりする立場なのだから、多少距離があって当然よ。部下の顔色をうかがったりすると、かえってやりづらくなるから、「仲良くなるより、まず仕事」と割り切ってみて。そう思って環境を整えたうえで、ある程度時間がたてば、自然といい雰囲気になってくるわよ。

67

忙しい

暇だとロクなことを考えないのよ。

でも、忙しすぎると動けなくなる。
問題は忙しさじゃない。
適度な忙しさに調整できないこと。

68

楽しく

結果を気にしてばかりだと
楽しくないでしょ。

楽しくやらないと、うまくいかないでしょ。
つまり楽しいことをするのが全てよ。

69

改善

自己嫌悪に陥りやすいアナタへ。

アナタに問題があるんじゃないわ。
改善したいところがあるだけでしょ？
全否定するような話じゃない。

先のことを考えず、
今日のことを
考えて生きれば
それでいいじゃない？

いつ何があるかわからないのに、
アレコレ不安になってもしょうがない。
そんなことで、
今日が台無しになるほうが嫌だもの。

70

今日

71

信頼

絶対的に
信頼できる人なんて
いないの。

ルールや線引きがなければ、
信頼関係は維持できないわ。
お互いの協力で信頼できる人が出来上がる。

愚痴ると、
嫌なことを考える時間が
長引くのよね。

ストレス発散のつもりが逆効果かもしれない。

72

愚《ぐ》痴《ち》

73

短期長期

嫌なことは、
とりあえずなんとか流す。

そして、いつかは
「こんなことが起きない環境」を
つくろうと胸に刻む。
短期的・長期的に考えるの。

「世の中は基本的に理不尽」くらいに思ったほうがいいわよ。

道理が通る環境をありがたく思えるし、余計な期待もせずに済む。

74

理不尽

75

謝罪

問題がばれてから「もうしません」ってどんなに真摯に謝罪されても、忘れちゃダメよ。

バレなかったら続けていただろうってことを。

心が狭いと言われようが、我慢できないことにはちゃんと対応しなさいな。

「心が狭い」なんて言ってくる人は、たいていワガママです。

76

対応

77

焦《あせ》り

「このままじゃダメ」なんてことはないわ。

どっちかというと「このままじゃダメ」という焦りのほうがダメ。

人って、時々優先順位が
わからなくなるのよね。

本当に守るべきものはそれ？
って、定期的に自分に
問いかけてみるといいわ。

78 優先順位

79

事実

自分の嫌いな部分が
あってもいい。

「自分には嫌いな部分がある」
その事実ごと受け入れてしまえばいい。

パワハラする人は、「お前のため」とか言うわ。

でも、ためになったかどうかは、
自分が判断すること。
そして、振り返ってみるとその人の「指導」が
役に立った記憶はございません。

80 パワハラ

81

利用

人の優しさを
アテにして行動する。

それが他人を利用するってことよ。

気になっても、すぐ動いちゃダメ。

動いたことによって、
また別のことが気になる。そしてまた動く。
どんどんエスカレートして疲れちゃう。
まずいったん立ち止まって、
「動く必要があるか」考える。
このステップが大切よ。

82 考える

83

友達

友達って、
気がつけばそこにいる人
だと思うの。

近くにいなくても、すぐに思い出す人。
心の中ですぐそこにいる人。

完璧を目指しすぎると、より完璧から離れるものよ。

細部にエネルギーを割きすぎて
先に進めなくなるから。
ちょっと雑なぐらいがいいの。

84

雑

85

試行錯誤

何もしないより、
やって失敗するほうが
はるかに楽しいのよ。

試行錯誤できるから。

本当の親友って。

「親友って確認するものじゃない」と
よくわかってるわよ。

86
親友

バー・ハナミズキ

今日は久々にマスターとしっぽり飲もうと思ってきたのだが、どうやら先客がいたようだ。黒いシンプルなワンピースをまとった、40代くらいの女性。ほかに客はおらず、いつの間にやら僕は、彼女とたわいもない話をしていた。

「いやー、なんだろ。最近、気分が不安定でさ。大したことがなくてもイライラしちゃったり。理由もよくわかんないから、メンタルクリニックでも行こうかと思ってるのよね。ほら最近できた『Ｔｏｍｙのなんちゃら』ってところ」と彼女は言う。

僕が「へぇ、最近、規則正しい生活してます？」と合いの手を入れると、彼女は酔いを含んだときに人が見せがちな、やや野卑《やひ》な笑いとともに「ぜーんぜん、ダメダメ」と手を横に振った。

「これでちょっとマシになると思いますよ」と、僕はその場でコースターの裏に言葉を書いて彼女に手渡した。

「やだぁ私、こんなところに毎日来てちゃダメね。マスター、お会計」。彼女が店を去ったあと、「バー・ハナミズキ」は、いつもの静寂をとり戻した。

「マスター、お仕事の邪魔しちゃってゴメンね」

「Tomy先生こそ、大切な患者さん、逃がしちゃっていいんですか?」

「これで本人が元気になるなら、それでいいのよ」

「そうですね」

バーカウンターの橙色《だいだいいろ》の灯《あか》りに照らされて、今夜も更けていく。

気持ちを整えたいのなら、行動を整えるのよ。
規則正しく、気持ちよく。

87

先

全く先が見えないように
感じても、
ちゃんと先はあるのよ。

安心して今に集中しましょ。

自分勝手な人は治らないのよ。

その勝手さを怒っても、
いっとき我慢する程度でしょ。
また何かやらかさないか見張らなきゃいけない。
そんなの労力と時間がもったいないわ。
他人に配慮できる人と関われればいいのよ。

88

勝手

89

身勝手

他人のペースを
気にしない人って、
マイペースじゃなくて
身勝手なのよ。

マイペースな人は、
自分ひとりの行動のときに
マイペースなだけ。

会話していて、「あれ、相手の反応がなんだか悪いな」と思ったら、たいてい自分の話をしすぎなの。

少し自分の話を減らしてごらんなさい。

90
会話

91

快適

「嫌われたくない」と思うと、ぎくしゃくするのよ。

そんな心配してたら快適じゃないもの。
相手のことを思うのなら、
自分も快適にしないとね。

傲慢《ごうまん》な人は、不安なのよ。

自分が優れていることをアピールしないと、
不安なの。

92
不安

93

尊重

過度に気をつかっても、
関係がよりうまくいく
わけじゃないわ。

相手を尊重する姿勢があれば、
それだけで充分。

94 約束

約束を守る最大の価値って
「この人は約束を守る人だ」
って認識されること
だと思うのよね。

約束を守らない人もたくさんいるからこそ、
約束を守ることに意味があるの。

95

切り替え

ついてないときもあるわ。

大切なのは引きずらないこと。
なるべく細かく時間をわけて、
切り離すのがおすすめよ。
「アンラッキータイムは午前まで！
午後からはラッキータイムがはじまるから」
って感じにね。

同じ仕事でも、人によってストレス度合いが違うのよ。

だから「こんな仕事もできないなんて」って思わなくていい。
その仕事とアナタの相性が悪いだけ。

96

仕事

97

傷つく

傷つきたくないと
思いすぎると、
逆に傷つくことが多いのよ。

自分が本当にやりたいことができなくなるから。

5分で出ないアイデアは30分たっても出ないことが多い。

いったん打ち切って、元気なときにまた考えたほうがいいわ。

98 打ち切り

99

価値

本当に大きな価値のあるものって、小さなものの積み重ねなのよね。

愛とか信用とかね。

私たちには
忘れる力がある。

今までだって、
いろいろ大変な時期はあったはず。
でも、すぎ去れば忘れて
なんとかなってる。
今回もきっと大丈夫よ。

100
忘れる

101

関わり

優しくできないときは、
関わる時間を減らしましょ。

たいてい自分の性格が変わったんじゃなく、
関わりすぎなのよ。

相手のことを「好きか嫌いか」ではなく、「関わるべきかどうか」で考える。

そうすると無駄な怒りが減るわよ。

102

相手

103

視野

**心配性の人は、
最悪の可能性だけを
考えて、
これが唯一だと
思う癖があるのよ。**

そういう人は、まずいくつかの可能性を
考えてみたらどうかしら。
視野が狭くなってることに
気づくだけでも大きなことだわ。

人生何だったの？なんて思うときはね、疲れてるのよ。

それはもう疲れてる。寝ましょ、寝ましょ。

104 疲れる

105

気にしない

人から
どう思われるかは、
100%気にしなくて
いいのよ。

自分の考えで行動していけば、
それを好ましく思う人は
ついてきてくれる。
それでいい。それがいい。

106 好かれる

好かれようとするから、嫌われるのがつらいのよ。

そのままで好いてくれる人といればいい。
つまり、好かれようとしなくていい。

他人の行動や態度に 怒りの感情が抑えられない

Q 他人の行動や態度に、時々キレそうになったり怒鳴りそうになったりすることがあります。大きな声を出すのもはばかられるので、必死に衝動を抑えていますが、こうした怒りの感情との上手なつき合い方があればぜひ教えてください。

A 怒りというのは2つの根本原因があるの。一つは「期待」。「こうなるべき」みたいな期待があると、そうじゃなかったときに怒りがこみあげてくる。もう一つは「衝動」。感情が抑えられないと、その場で怒り、キレてしまうわけ。対策は、まず相手がどんなことをするかはわからないと期待しないこと。そして、キレそうになったら、お茶を飲むとか、トイレに行くとか、別の行動に意識を向けてみるといいわ。

Chapter 3

嫌な人の言動はミュートするといいわよ

107

がんばり

知ってる?

人ってがんばり続けることは
できないのよ。

表面に出てくるのは、
声の大きい人の
意見だけなのよね。

でも本当に大切なのは、
わざわざ主張しない、
穏やかな人の意見なのよ。

108
意見

109

バランス

現状を変えようとせず、不満の多い人は要注意よ。

そういう人は、攻撃することで
心のバランスをとろうとしがちだから。

110

ダメ元

ストレスを減らす手っ取り早い方法は、ダメ元だと思うことよ。

ダメ元と考えて、うまくいったらラッキーぐらいにしておく。そうすると朗報だらけになる。

111

ミュート

嫌な人の言動は、ミュートするといいわよ。

ミュート機能もブロック機能も、自分についているつもりで。やり方は、「はい、この人ミュート」って心の中でつぶやくだけ。意外と効きます。

112 出番

自分のことを
後回しにしてると、
自分の出番なんて
ずっと来ないわよ。

大切なのは、まず自分がどう考えるか。

113

諦める

ネガティブな
感情が出てきたとき、
「戦おう、打ち消そう」
とすると余計つらくなるわ。

「ああ、しょうがないな。しばらくは」と諦めると、
そのうち回復する。あらがわない。

114 大丈夫

新しいこと始めると
不安でしょ。

でも、始めたいことをやらずにいると
それはそれで不安よ。
大丈夫。

115

通じない

話が通じないと思ったら、
さっさと打ち切って
関わらないのがいいわ。

粘ると何とかなるどころか、
たいてい余計ひどいことになる。

116 常識

常識って
人によって違うのよ。
そして自分の常識が通じる人って、
思うより少ないの。

117

人間性

ずるい人がいても
いいじゃないのよ。

その人は目先の利益と引き換えに、
人間性を落としてるだけなんだから。

118
仲間外れ

仲間外れにされる心配は不要なの。

仲間外れにするような人とは離れたほうがいい。
ちゃんとした人は仲間外れにしない。
だから、仲間外れなど恐れる必要はないの。

119

自分

いいじゃない、
一生引きずったって。

それも自分よ。
無理に振り払わなくてもいいの。

愛は無償のもの。

だからこそ、渡す相手は厳選しないとね。
伝わる人に。

120
愛

121

理由

自分のやりたいこと、
やりたくないことに
理由なんていらないわ。

アナタがそう思うんだから。

疲れてからじゃ
回復に時間がかかるわ。

疲れる前に一定の間隔で休んだほうがいいの。

122

休憩

123

無理

相いれない人と
無理に一緒にやる
必要はないのよ。

無理するしかないし、
無理は続かない。

124

つぶやき

なんかイライラ、
モヤモヤしたら
心の中で「ま、いっか」って
つぶやいてごらんなさい。

「ああ、まあいいよね」って思えること
いっぱいあるわよ。

125

たまたま

アナタの好きなことが、
うまくいかない
ときがあっても
心配しなくていいわ。

好きだということに
変わりはないのだから。
たまたまうまくいかない
タイミングというだけ。

他人からどう思われるか いちいち気になってしまう

Q 他人が自分のことをどう思っているか、気になってしまいます。自意識過剰だとは思っているんです。でも、気になってしまう……。他人が言うことに傷ついてしまうことも多いです。いちいち気にすることがなくなる方法はあるでしょうか？

A こういう人は、「他人軸」で行動しているのよ。自分が何をしたいかではなくて、「他人からどう思われるか」「どう評価されるか」が行動の基準になってしまっているの。これを変えるには、「自分軸」の行動を増やすしかないわ。行動を少しずつ「自分がやりたいからやる」ことに置き換えていく。そして、行動するときは、その行動に集中する。すると頭が忙しくなって、他人のことを考えなくなるわ。

126

適度

楽しいことは
時間があっという間に
すぎていく。
つまらないことは
長く感じる。

楽しいことだけだと、
人生を短く感じるから、
つまらないことも適度に必要ね。

127

安易に

捨てることも大事だけど、
安易に増やさないことも
大事よ。

いったん増やしたものは、
そうそう簡単には減らせないから。

128

つき合い

「つき合い」を強要してくる人こそ、つき合ってはいけない人よ。

自由意志を尊重してくれる人とだけ関わればいいわ。

わがままな人には嫌われたっていいじゃない。

むしろそのほうがいいじゃない。
振り回されるのは、
わがままな人にも嫌われたくないって
思ってるからかもよ。

129

わがまま

130

味つけ

人生も料理と一緒よ。

いろんな味のさじ加減。
入れすぎたら何でもまずくなる。
入れなくてもやっぱりまずくなる。
自分なりの味つけを探しましょ。

131
信用

「この人は信用できるのかな」

こう考える時点で
信用できないってことよ。
今の時点では。

132

暇

普段はちょっと
暇なぐらいがいいわ。

突然何かがあっても動けるように。
体力ギリギリだと、もろいのよ。

だいたい
焦ったら負けなのよ。

冷静に考えてないってことだから。
早めにやったほうがいいこともあるけど、
焦ったらその判断もできないわ。

133

焦り

134

面倒

自分の好きなことなら
面倒だって思わないのよ。

逆にいえば面倒に思うのなら、
大して好きではないことかもしれない。

135

気づき

全ての経験に
無駄も失敗もないわ。

必ず「気づき」が得られるはず。
そして、それが一番価値がある。

136

受ける

「こういうのが受けるんだろう」と思って作ったものは意外と受けないのよね。

ちょっと上から目線が入っているのを見透かされるの。
受けるものは、アナタが楽しんでやったものです。
自分本位でいいんです。

自分の損得に
こだわりすぎると
イライラするのよ。

それこそ損してると思わない？

137

損得

138

いじめ

いじめられるのは、
アナタが弱いんじゃないわ。

相手の心が弱いんだ。

理想の自分は、
楽しい未来のために
持つのよ。

決して今の自分を
追い詰めるためじゃない。

139

理想

140

勢い

あれもこれも
やろうとすると、
勢いって落ちるのよ。

どうしてもやりたいことに
特化することが大切。
勢いのある人は尖っている。

141 夢

夢って本来
楽しむものだと思うのよ。

叶わなくても、追いかけているだけでも楽しい。
夢があることで逆に苦しくなるのなら、
手放してもいいんじゃない？

142

批判

批判する人って、自分は正しいって前提ですからね。

困ったことがあったら、普通は話し合いや相談をするわ。断じて批判ではない。

未来の幸せのために、今を我慢する必要なんかないの。

いつでも幸せは今つかめるものなの。
たとえ努力している時期でも、
正しい努力なら今幸せと思えるはずよ。

143

努力

144

悩み

悩みっていうのは、絶対的なものじゃないのよ。

同じことが起きても、
悩む人もいれば平気な人もいる。
考え方一つでラクになれる。

145 個性

自分の短所を変えようとするより、個性として受け入れる。

その上で、短所が問題にならないように
環境や行動を変える。
工夫が大切なのよ。

好物のモンブランパフェ

「赤木さんって、パチンコの借金がいっぱいあったらしいわよ」

ミッチのその話は意外にも思えたし、もっともな話にも思えた。高校時代からの友人、いや友人だと思っていた赤木沙織と手を組んで、小さなネットショップを始めたのは去年の終わり。売り上げは順調に伸びていた。

しかし、あるとき、ふと気がついた。振り込まれているはずのお金が、まったく振り込まれていないことに。

慌てて確認しようとしたが、もう赤木沙織とは連絡がつかなくなっていた。やれるだけのことはやったのだが、心が落ち着かず、親友のミッチとお茶をしにきたのだ。

「あのさ、今日私、本を持ってきたんだ」

「本？」

「うん、私のお気に入りの本。つらいとき、楽になる言葉がいっぱい書いてあるんだ」

私はミッチから渡された本をパラパラとめくった。たまたまあるページにふと目が留まった。

ああ、たしかにそうだ。こんなに短い言葉なのに、私の肩に舞い降りて、嫌な気持ちを半分ぐらい持っていってくれたような気がした。

そして、ふと私は、今つっついているのが、好物のモンブランパフェであることに気がついた。

「そういえば、これ、すごく美味しいね」

人間不信になるような出来事があった？

なあに「信用できない人がハッキリしてよかった」って思えばいいんです。
気づかないままのほうが、よっぽどつらい。

146

自己投資

つらいときは自己投資してるのよ。

ぼちぼちやってれば、
あとで回収できるから。

147

チクり

「チクるな」は悪いことしている側の論理よね。

チクられて困るようなことしてるほうがおかしいのよ。納得できないことをされたら、ちゃんと誰かに言えばいいんです。

148

追い出す

自己肯定感って
シンプルに考えると
得られることがあるわ。

自分が何をしたいか、
したくないかだけを考える。
どう思われるかを、
なるべく追い出す。

相手も良識があるかは、
五分五分ぐらいね。

そう考えたほうが、気が楽よ。

149
気楽

150

ズボラ

完璧に
こだわりたいのなら、
範囲や期限が
決まっているもので。

続けていくようなものは、
ちょっとズボラなぐらいがいい。
そうじゃないとキリがない。

急に起きたラッキーなことって、たいてい偶然なのよ。

急に終わると思って対応したほうがいいわ。それが続くと思わない。

151

偶然

152

くせもの

無理すると、無理を正当化し始める。

これがくせものなのよ。
「無理しないとうまくいかない」って感じにね。
でも、無理は無理よ。

153 未熟者

謙虚ならば一人前。

傲慢ならば、
どんな実績があっても未熟者よ。

154

悪意

悪意は、善意に負けるのよ。

悪意は生産性がないから、
モチベーションを保てないの。
そんなものに惑わされず、
自分のやるべきことを淡々とやるのが一番。

幸せとは。
誰にでも訪れる幸せな瞬間を
見落とさないことなのよ。

155

瞬間

156

ダメ

生きるのに大切な防衛力。
それはダメなことは、
ダメだと言うことよ。

ダメだってわかりきってるのに、
ダメと言えず大切なものを失う。
そうなったら悔やんでも悔やみきれないわ。
ダメなことをダメと言う。とても大事な力です。

157

目標

他人は「許すか、許さないか」じゃないの。

「関わるか、関わらないか」なの。
許せないほどの人なら、
関わるのをやめましょう。
目標はそれだけ。

158

後回し

過去は確かに変えられないわ。

でも、気にしなければいいことよ。
どうしても気になるのなら、
先にこれからやりたいこと考えましょうよ。
気がつけばワクワクしながら
眠りについているでしょう。
ネガティブになるのは、
どんどん後回しで。

159

出口

嫌だ嫌だと思うと、
余計嫌になるのよ。

嫌なことはやめましょう。
せめて出口を決めておきましょう。

160

つらい

仕事の日が
つらいって人はね、
一日を一色で塗りつぶす
傾向があるのよ。

「今日はつらい日」って決めつけない。
仕事の日だって、
ちょっとご褒美いれてみたらいいじゃない？
そうすればつらいことも、
楽しいこともある日になる。

161
喜び

どうしようもない
時がある。

だから、どうにかなった時の
喜びがあるのよね。

162

情報

聞いても聞かなくても、
やることが
変わらないのなら、
それは要らない情報よ。

要らない情報が多すぎると疲れるわ。
要らない情報は仕入れない。
もしくは入らない仕組みにしておく。

やったほうがいいと
頭でわかっていることは、
やればいいわ。

自分の方針がはっきりしていれば、
それは成功しているも同然なのよ。
コンパスを持っているのだから。

163
方針

164

信じる

誰かを信じたいと
思えたのなら、
それは信じていると言っても
いいと思うのよね。

100%信じようとしたら、人間不信にもなるわ。

妥協っていうのは、
「ああ、妥協するしかないね」
っていう最低限の納得が
あってするものよ。

周りの意見に左右されて、妥協しなくていい。

165

妥協

事件や事故のニュースを見ると気分がとても落ち込んでしまう

Q 事件や事故、災害のニュースを目にすると、自分が当事者ではないのに、とても気分が落ち込んで、何日も引きずってしまうこともあります。それなのに、そのニュースを深掘りして、さらにつらくなることもあるのですが、どうしたらよいでしょうか？

A こういうときは、しばらくネットやテレビから遠ざかるのが一番ね。そもそもニュースというのは、悲惨なものが多いから。そういう情報を、意図せず見聞きする媒体と接触していたら、同じような状況が続いてしまう。だから、まずは情報から距離を置くことが大事なの。疲れているときは、ニュースを他人事《ひとごと》として感じる力が弱っているわ。だから、なおさら避けたほうがいいわね。

Chapter 4

迷いはあって当たり前よ

166

短所

自信の持てない
性格の人は、
なんでも自分の
短所だと思うのよ。

でも、それってアナタの持ち味や、
場合によっては長所かもしれないわ。
至らぬ点があるのも、ご愛嬌《あいきょう》。

マウンティングする人って不安なのよね。

だから自分のほうが上だってアピールするのよ。
「はいはい」って思って流しておきましょ。

167

マウンティング

168

認める

「認めてほしい」なんて主張しなくても大丈夫よ。

認める人は最初から認めている。
そして、そんな人はどこかにいる。
「認めて」と言ったところで、
渋々認めたふりをしている人を増やすだけ。

夢は叶わないことも多いわ。

でも、叶う夢もある。
叶った夢だけ喜んでいれば、
それでいいんじゃない？

169
叶う

170
迷い

迷いはあって当たり前よ。

だからといって、
進んじゃいけないわけじゃない。

171
いつか

世の中の悩みの大半は
小さな出来事よ。

それでも悩みは悩み。
何も恥ずかしくない。
小さなことで誰でも悩む。
そしていつか落ち着く。

172

コツコツ

「今」や
「このタイミングで」
にこだわると
うまくいかないように
見えるのよ。

「コツコツ進めていけば
うまくいく日もございましょう」
くらいのノリで構えるといいわ。

173
食いしばる

普段から
歯を食いしばる
必要なんかないわよ。

痛いし疲れるでしょ。
普段はいつでも笑えるぐらいに
力を抜くのがいい。
食いしばるのはピンチのとき限定。

174

ライン

満足度って、
自分の設定ラインを
どれだけ超えたかで
決まるのよ。

欲を出すと設定ラインが上がる。
つまり不満が増える。

人生は恋と同じ。
自分で選ぶもの。
比較するものじゃないわ。

175

恋

176

悩む

何も考えることがないと、
ささいなことでも
大きなストレスに感じるわ。

悩むべきことで、
時々悩むぐらいがちょうどいい。

ビジネスや試験は
結果かもしれないわ。

でも人生は過程よ。
だから、結果にとらわれなくていい。
その先も続くんだから。

177
過程

178

スランプ

スランプを抜け出すには、
スランプから
抜け出すことを
意識しすぎないことよ。

焦れば焦るほど、うまくいかないと思って、
さらに焦るから。

自由という
不自由があるわ。

なんでもかんでも自由にすると、
かえって何をしたらいいのか
わからなくなる。
あえて制約を設けるのもいい。

179

制約

180

ハングリー

ハングリー精神も
いいけれど、
ずっとハングリーだと
倒れちゃうわよね。

時々はゆる〜く生きる。

苦がなくなると
楽になる。

つまり、苦があるからこそ、
楽の味がわかるのよ。
苦くて甘くて酸っぱくて辛くて。
いろいろあるから人生は美味しい。

181
苦楽

182

対策

何かあると慌てて
対策したくなるじゃない？

でも、何もしなくてもいい可能性も忘れちゃダメよ。
まず考えること。
考えた結果、何もしないのと、
何も考えないのは全然違う。

183 せっかち

たいていの場合、
期待していたより
結果が出るのは遅いわ。

でも、やり方が間違っているわけじゃない。
せっかちすぎると
失敗したように見えるだけ。

184

好き嫌い

たとえばスポーツは
汗かくし、疲れる。
でも楽しいし、
爽快感もあるし、
健康にもいいわ。

どちらに目を向けるかで、
嫌いなことにも好きなことにもなる。

突然、離れていった親友
原因がわからず心が傷つく

Q 長年親しくしていたはずの友人から急に冷たい態度をとられるようになり、ショックを受けています。私からすると、突然、一方的に親交を絶たれたようで傷つきました。相手を怒らせたのか、私にはまったく思い当たる節がありません。

A 基本的には、深追いしないことをおすすめするわ。アナタが悪いとも限らない。相手に何かが起きて、他人と会いたくないだけかもしれないし、逆恨みかもしれない。アナタがやらかした可能性もあるけど、距離をとる相手に聞いても、本当のことは教えてくれないかも。結局、わかりようがないのよ。だから、去る者は追わず。どうしても気になるのなら、今身近にいる人に相談するのが一番よ。

185

気持ち

自分のネガティブな気持ちも、
他人のネガティブな気持ちも
「ああ人間らしいよな」と
思えばいいのよ。

なんでもかんでも
排除しようとすると疲れるわ。

186

行動力

がんばって自分を
変えようとしなくてもね、
変わりたいと思った
タイミングで
勝手に変わるのよ。

行動力の正体は、
自分の心の声を聞く力です。

187

お金

お金を使うときは、「より安いところ」じゃなくて、「より応援したいところ」に使ったほうがいいわ。

多少安い程度で、感じの悪い人にお金を使ってもあまりいいことないのよね。

ひどい経験も役にたつのよ。

いつか、「あのときよりはマシだ」
という勇気と保証を与えてくれるでしょう。

188

経験

189

大事

大変よ！

「あの日に帰りたい」どころか
昨日にも帰れないのよ。
だから今日を大事にしましょ！

人ってね、
感情の強要をされると
真逆の感情を
抱くものなのよ。

だから相手を説得したいときこそ、
感情を強要しちゃだめ。
理屈だけ説明して、
どう思うかは本人にあずけなさい。

190

強要

191

比較

自分より優秀な人は
いっぱい出てくるわ。

そんなとき一番必要なのは「比較しない力」。
自分の良さと相手の良さは違うから、
本当の比較はできない。
自分の良さを、自分のペースで伸ばしていくこと。
それが何よりの強みになるんです。

192
陰口

陰口を言う人は、不満があるわけじゃないのよね。

ただ陰口を言いたいだけ。
だから、つながっていると
いつかは自分も言われます。

193
切る

あげ足取ってくる人って
多いのよ。

でも真面目な人は、
いちいちそれに対応して動けなくなる。
「それを言っちゃー終しめーよ」と
心の中でつぶやいて、ぶった切りましょ。

自分が面白くないと
思うことが
上達するわけがないわ。

まずは面白いと思うこと。
面白いと思える部分を探すこと。

194
面白い

195

メリハリ

人生を楽しむには、
メリハリが大切なのよ。

どんなに素敵なホテルでも、
毎日泊まったら楽しくなくなるでしょ。
普段は平凡で、
たまに変化があるのが楽しい。

196
怒り

怒りの感情に
振り回されるのは
よろしくないけど、
怒り自体が
悪いわけじゃないわ。

「何に怒っているのか」

「なぜ怒っているのか」

それを考えないまま、
自分の怒りを抑圧しちゃダメ。

素直に生きられなくなる。

197

相対

幸せって
絶対評価じゃない。

相対評価なの。
少し前よりプラスになったら幸せなのよ。
だから何もかも自由に、
好き放題やれる環境だと、幸せは減る。

アナタといると、
つらさは半分になる。
喜びは2倍になる。

大切な人ってそういう人よ。

198
人

199

着手

腰が重い人へ。

やらなければいけないことを
抱えたままのほうがつらい。
そう思えば手をつける気になるわ。

執着をうまく手放すには、
「奪われるかも」じゃなく
「変化するだけだ」
と考えること。

それが一番受け入れやすいわ。

200
変化

201

結果

自分が考え抜いて
行動することに、
正解や不正解などないのよ。

自分で考えたわけだから、
どんな結果でも次につなげられるでしょ。

相手の話を聞く。

一見いいことのように思えるけど、
そうとも限らないの。
聞きすぎると
コントロールされる危険もあるから。
自分の視点をしっかり持って、
話の内容を確認する。
何か変だなと思ったら打ち切る。
これ、とっても大事です。

202

聞く

本屋さんでの出会い

私は、本屋が好きだ。本の落ち着いた匂い、静けさと活気の絶妙なバランス、情報と文化の漂う空気。不思議と、心のざわめきも静かになってくる。今日も本屋に行って店内を歩いていたら、ふとママ友の柏森さんのことを思い出した。

「あら、泉さんも？　私も本屋好きなのよ」

彼女は爽やかで、いつも元気で、気さくな人。私は声も小さくて気にしいで、引っ込み思案だったから、彼女にちょっと憧れていた。

柏森さんは、よくランチやお茶に誘ってくれた。いつもとても楽しかったけど、途中から私はなんだか彼女に会えなくなった。それまで「ママ友」には、いい思い出がなかったからだ。

素敵だと思っていた人が急に冷たくなったり、仲が良かったはずの人に悪口を言われたり。また嫌な思いをしたくない、怖い。そう思っているうちに、なんだか会えなくなった。

私は、ある本の前でなんとなく立ち止まり、その本を手にとってみた。ふと1ページめくってみると、ある言葉が目に飛び込んできた。

その言葉は、なぜか私の頭のなかで、柏森さんの声で再生された。買おうかどうしようか悩んでいると、肩越しに声がした。

「あら、久しぶり！」

今度は本当の柏森さんの声だった。私は、たぶん笑顔になっていた。

相手が「友達」か「味方」か、そんなのどうでもいいのよ。
お互いが楽しく過ごせればいい。

203

ノー

相手の返事が、
イエスでも
ノーでもないときは、
ノーと考えて
動いたほうがいいわ。

相手の気分次第にされている時点で、
対等な関係じゃないのよ。

やれるだけのことをやったら、
あとは成り行きに任せる。

結局、それが一番いいのよね。

204
任せる

205

身近

大きな夢が叶っても
幸せになるとは限らないわ。

幸せは身近なところにあるからよ。
それをおろそかにすると幸せにはならない。

余計なことを
考えちゃう人って、
行動不足なのよ。

とりあえず何するか決めて、やってみる。
そうしたらあまり考えなくていいでしょ。
真面目すぎるのよ。

206
真面目

207

疲れ

やる気がないときって、
自分が悪いわけじゃない。

たいていちょっと疲れてるだけよ。

何事も、自分が納得してやればストレスは少ないわ。

納得していないことをやらされるとストレスは多い。無理やり納得した気になってやるのも同じぐらいストレスが多いわ。

208

納得

209

心

心の中に自分の親友を置いておきましょう。

自分が悩んでいたら、その人に聞いてみるの。

「それって悩むほどのこと？」

そう答えが返ってくることも結構あるはずよ。

やりたいことがあるのに勇気がない？

時間が限られているのに、
やりたいことをやらないでいるほうが
よっぽど勇気が必要だと思うわ。

210
勇気

211

自分軸

うまくやろうとするのは、
他人軸。

だからうまくいかない。
うまくやろうと思わず、
精いっぱい楽しくやりましょ。
それが自分軸。結果もついてくる。

212
お高く

**楽しく生きるには、
ちょっとお高くとまる
ぐらいでいいんですのよ。**

「私の良さがわからないのなら、
別にかまいませんわよ」
ぐらいのオホホホ感で。
相手に礼儀と尊重を忘れなければ、
それでいいの。

213

理解

理解されなくても
いいじゃない？

理解してくれない人に
理解してもらおうと思うからつらいのよ。
理解してくれる人とお話ししたほうが、
ずっとずっと楽しいし、
いろんな発見もある。

「こんなことされたら嫌だな」と思うと、たいていやられちゃうのよ。

ビクビクしているのがなんとなく伝わるのね。
「お好きにしたらいい」って開き直っていると、
妙な貫禄が出てうまくいくものよ。

214 貫禄

215

平穏

日々平穏に過ごせることが一番大切だと思わない？

つらいのは、
たいてい余計なことを考えすぎているのよ。

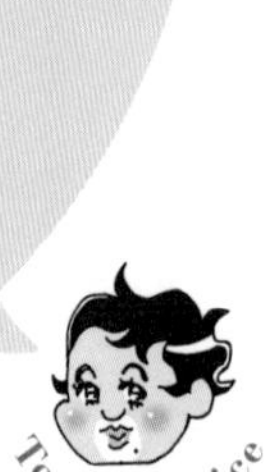

人をだまして
幸せになった人、
見たことないわ。

だから、アナタをだました人のことを
忘れてもいいわ。

216

だます

217

天気

人生というのは天気を眺めるように生きればいいわ。

晴れたら、ああ今日は気持ちいいなとか。
雨だったら、まったり過ごそうとか。
二度と雨が降らないわけではないし、
永遠に雨が降るわけでもない。
なんとなくその日のコンディションで
過ごすでしょ。それでいい。

精いっぱいがんばるのよ。

でもここで言う「精いっぱい」は、
「できる限り」の半分。
残り半分は、余裕のために取っておく。

218

半分

219

シンプル

お願いがあるわ。
シンプルに生きてほしいの。

ぐちゃぐちゃになったらシンプルに考える。
自分は何がしたいのか。何をしたくないのか。
どう生きたいのか。それが答えよ。
一番のアドバイザーは自分なの。

嫌なことがあっても、
それはもう過去の話。

出来事はどんどん後ろに流れていくの。
だから涙を拭けばいい。

220

流れ

221

散歩

人生に迷っている？

いえいえ、人生はお散歩なのよ。
いつだってお好きなところをぶらぶらと。

ふと頭に浮かんでくる不安 ストレスを感じやすくて嫌だ

Q ふとしたときに漠然とした不安が頭に浮かんできます。何かに集中しているときは大丈夫なのですが、ちょっとした心の隙に不安な気持ちが入り込んでくる感じです。ストレスを感じやすい心がラクになる方法はないでしょうか？

A こういうときはね、明らかに今やらなきゃいけないことに目を向けること。そこに集中するの。あと、暇になると、「何か、問題はないかな」と自分から問題を探そうとしていない？ もしやっているのなら、やめたほうがいいわ。無意識に問題を探そうとしていることに気づいたら、「イケないイケない」と即刻、中止すること。問題は起こったときに対処すればいいの。

おわりに

昔から40歳は「不惑」といって、たいていのことには惑わなくなる年齢といわれてきました。しかし、それは約2500年も前の『論語』の時代にいわれたことです。その時代と違って、今の40代は、とても「不惑」とはいえず、達観できるような年齢ではないでしょう。

働き盛りの年代で、組織では管理職の人もいるでしょうし、そうなると部下の育成も任される。子どもの教育費はかかるし、親は高齢になって、介護や健康の問題などで振り回されることもあるでしょう。自分自身も体力的にも精神的にも衰えを感じる年代でもあります。

不惑どころか、惑わせられるような出来事が次々と出てくるというのが、現代の40代の実態でしょう。こんなときこそ、物事の本質をシ

ンプルに捉えて、すっきりと行動できる「羅針盤」のような言葉が役に立つでしょう。

悩んだらその都度、言葉の羅針盤を頼りにすれば、人生を迷うことなく進めるはずです。

アテクシは30代から40代にかけて、個人的にとてもつらい時期がありました。そのとき自分のために書き留めた言葉の数々が本書のベースになっています。さらに患者さんを診察したとき、とても効果的だった言葉もチョイスしています。必ずやアナタの40代を後悔なきものにしてくれる言葉の羅針盤になると自負しています。

みなさん、参考になったかしら？　チャオ♡

2023年5月　　精神科医Tomy

精神科医 Tomy
（せいしんかい・とみー）

1978年生まれ。東海中学・東海高校を経て、名古屋大学医学部卒業。医師免許取得後、名古屋大学精神科医局入局。精神保健指定医、日本精神神経学会専門医。39万フォロワー突破のX（旧・Twitter）が人気で、テレビ・ラジオなどマスコミ出演多数。著書『精神科医 Tomyが教える 1秒で不安が吹き飛ぶ言葉』（ダイヤモンド社）に始まる「1秒シリーズ」は、33万部突破のベストセラーとなり、『精神科医 Tomyが教える 心の執着の手放し方』（ダイヤモンド社）の小説シリーズも反響を呼ぶ。最新作は『精神科医 Tomyが教える 30代を悩まず生きる言葉』。

精神科医 Tomyが教える
40代を後悔せず生きる言葉

2023年 5 月30日　第1刷発行
2024年 6 月 5 日　第4刷発行

著　者　精神科医 Tomy
発行所　ダイヤモンド社
〒150-8409 東京都渋谷区神宮前6 -12-17
https://www.diamond.co.jp/
Tel 03-5778-7233（編集）　03-5778-7240（販売）

デザイン　金井久幸（TwoThree）
DTP　TwoThree
イラスト　カツヤマケイコ
校正　三森由紀子
製作進行　ダイヤモンド・グラフィック社
印刷・製本　三松堂
編集担当　斎藤順

ISBN978-4-478-11809-2